Marlis Kahlsdorf

Zauberreise in die Steinzeit

Boyens

Die kleine Möwe Emma freut sich riesig, denn ihr Freund Max
hat sie mit einem Besuch in Cuxhaven überrascht.

Leider ist es an der Küste inzwischen kühl und windig geworden, so dass es ihnen am Strand
zu ungemütlich wird. Die beiden beschließen, einen Ausflug ins Binnenland zu machen.

Sie fliegen in die schöne Hansestadt Bremen, um sich ein Fußballspiel anzusehen. Eigentlich haben die beiden Freunde sich sehr darauf gefreut, aber bei dem schlechten Wetter macht es ihnen nur halb so viel Spaß.

Schließlich fliegen Emma und Max weiter und hoffen, dass das Wetter vielleicht noch irgendwo besser wird.

In einem Waldstück sehen sie riesige Steine, unter denen sie Schutz vor dem immer stärker werdenden Regen suchen wollen.

Aber oje, als Emma oben auf dem glitschigen Stein landen will, rutscht sie ab und stürzt hinunter. Das sieht richtig schlimm aus, denn Emmas linker Flügel blutet, und sie kann ihn nicht mehr richtig bewegen.

Max versucht, seine Freundin zu trösten, aber die macht sich Sorgen, weil sie jetzt nicht mehr nach Hause fliegen können. Und weit und breit ist niemand da, der helfen könnte.

Da erinnert sich Mäxchen an einen „Notfall-Keks", den ihm seine Oma mitgegeben hat. Dieser Keks würde ihm helfen, falls einmal ein Unglück geschehen sollte, hatte sie ihm gesagt. Ob das die Rettung ist?

Auweia, was ist denn jetzt passiert? Gerade als sie den letzten Krümel verspeist haben, erschüttert eine gewaltige Explosion den Platz.

Die Freunde sind völlig durcheinander und wundern sich darüber, dass Emma plötzlich einen Knochen statt der Schleife in ihren Federn hat. Und beide tragen auf einmal ein Tierfell.

Da führt ein seltsam aussehendes wolliges Schwein Emma und Max zu einem Dorf, in dem lauter mit Reet gedeckte und mit Gras bewachsene Hütten stehen.

„Wo sind wir hier eigentlich?", fragt sich Mäxchen. Keine richtigen Häuser, keine Straßen, keine Autos, kein Lärm. Bis auf das Vogelgezwitscher ist nichts zu hören.

Die Dorfbewohner laufen zusammen, und sofort kümmert sich jemand um Emmas verletzten Flügel.

Mit Honig wird die Wunde desinfiziert und aus frischem Moos ein Verband um den Flügel gelegt. Währenddessen erzählt Max ganz aufgeregt, was bei den großen Steinen passiert ist.

Als es dunkel wird, legen sich Emma und Max mit einer warmen Felldecke
zu den beiden Kindern Leo und Gunda.

An Schlaf ist aber gar nicht zu denken, denn die beiden wissen immer noch nicht, wo sie
überhaupt sind. Max will am nächsten Tag ein Telefon suchen, aber Emma glaubt, dass sie
vielleicht in der Vergangenheit gelandet sein könnten. Ob man da wohl telefonieren kann?

Am nächsten Morgen versucht Max zu erklären, was ein Telefon ist und was man damit macht. Aber niemand hat je davon gehört. Währenddessen schaut Emma misstrauisch in ihre Schüssel mit Getreidebrei. Brötchen mit Käse oder Schokocreme kennt hier auch niemand.

Aber mit Nüssen und Beeren schmeckt dieses Müsli gar nicht so übel.

Nach dem Frühstück nehmen Leo und Gunda die beiden mit in den Wald, um mit ihnen Früchte und Pilze zu sammeln. „Habt ihr denn keinen Supermarkt?", fragt Max. Er zeigt den anderen seinen Fund – schwarze Früchte, die wie leckere Kirschen aussehen.

Erschrocken ruft Leo: „Das sind doch giftige Tollkirschen!" Auch Emmas schöner roter Pilz entpuppt sich leider als ungenießbarer, giftiger Fliegenpilz.

Bei ihrer Rückkehr ins Dorf herrscht große Aufregung. Eine Horde Wildschweine hat alles niedergetrampelt! Das Allerschlimmste ist aber, dass das Feuer ausgegangen ist. Bis zum Einbruch der Dunkelheit muss das Feuer unbedingt wieder brennen!

Mühsam versuchen die Dorfbewohner, das Feuer wieder zu entfachen. Dazu schlagen sie Feuersteine und Schwefelkiessteine so lange aneinander, bis Funken entstehen. „Schade, dass ich keine Streichhölzer dabei habe – ich wäre hier bestimmt berühmt geworden!", denkt Max.

Wie man Feuer macht

Feuer selbst herstellen zu können, war die wahrscheinlich größte Erfindung in der Geschichte der Menschheit.

Zuerst nahm man einen Feuerquirl, der auf einem Brett schnell gedreht wurde, bis sich das Bohrmehl im Reibebrett entzündete. Die Funken brachten dann das trockene Feuerholz zum Brennen.

Später entdeckte man, dass Funken entstehen, wenn man einen Feuerstein und einen Schwefelkiesstein aneinanderschlägt. Diese Funken zündeten dann den Zunder an. Zunder ist ein Schwamm, der auf abgestorbenen Bäumen wächst und der sehr leicht brennbar ist. Der glimmende Zunder ließ dann das Feuerholz in Flammen aufgehen.

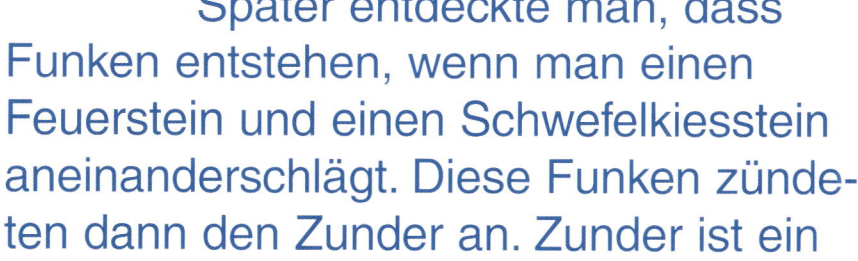

Das Feuer war ein wertvoller Besitz, und es war wichtig, dass es nie ausging. Das Feuer bot Wärme und Schutz in der Dunkelheit vor gefährlichen Tieren. Auf dem Feuer wurde Essen erhitzt und man konnte damit Lebensmittel räuchern und dadurch Vorräte anlegen.

Am nächsten Tag nimmt der alte Fährtenleser Wulf die Kinder Emma, Max, Gunda und Leo mit in den Wald. Er zeigt ihnen, wie man den Boden nach Spuren absucht und wie man die Fährten der Tiere lesen kann. Nebenbei sammeln alle Brennholz.

Plötzlich zeigt Wulf ihnen den noch frischen Abdruck einer Bärentatze. Er macht sich Sorgen, denn wer weiß – vielleicht ist der Bär ja noch gar nicht weit weg!

Und tatsächlich, plötzlich kommt ihnen ein hungriger Braunbär entgegen! Alle fliegen auf die Äste, nur Emma mit ihrem kaputten Flügel hat jetzt ein Riesenproblem. Der alte Wulf schafft es gerade noch, sie rechtzeitig hochzuziehen, bevor der Bär sie schnappen kann.

Puh, das war knapp. „Im Zoo sehen die Bären doch immer so kuschelig aus", meint Max.

Auf dem Nachhauseweg haben alle Riesenhunger. Sie hoffen, dass die Jäger ordentlich Beute gemacht haben, denn es gibt kaum noch Vorräte im Dorf.

Aber oje, die Männer haben wieder nichts gefangen, so dass Leos Mutter nur noch kleine Fladen über dem Feuer backen kann. Sie zerquetscht Getreidesamen zwischen zwei Steinen, um Mehl für den Teig herzustellen. „Mann", denkt Emma, „dick werden die hier bestimmt nicht."

Früh am nächsten Morgen werden Emma und Max von lautem Klopfen geweckt.
Die Feuersteinhauer stellen neue Waffen her.

Sie bearbeiten Steine so lange, bis aus ihnen scharfe Speerspitzen entstehen. Wenn die Männer heute wieder jagen gehen, müssen sie unbedingt etwas erlegen. Schließlich wollen sie ja nicht jeden Abend hungrig unter ihre Felldecke kriechen.

Ein paar Stunden später hören Emma und Max einen langgezogenen Ton – das Signal für Beute. Die Freude ist riesengroß, als die Jäger endlich mit einem erlegten Wildschwein zurückkommen.

Das Fleisch, das nicht sofort gegessen werden kann, wird für Zeiten ohne Jagdglück getrocknet. Aus dem Fell, den Knochen und den Sehnen werden später Kleidung, Geräte und Decken hergestellt, und die Zähne werden zu Schmuckstücken verarbeitet.

Und während am Abend ein großer Braten über dem Feuer gart, holt Leos Mutter ihre Knochenflöte hervor. Ein anderer rasselt mit Lederbeuteln voller Samen, und auf dem Schulterblatt eines Hirsches wird getrommelt.

Zu so einem fröhlichen Abend gehört ja Musik! „Und alles ohne CD-Player…", denkt sich Max. Die Jäger erzählen von ihren gefährlichen Jagderlebnissen. Leo schenkt Emma einen Anhänger am Lederband. Es ist der Zahn eines Bären, der ihr immer Glück bringen soll.

Am Morgen nach dem Festessen lernt Emma, wie man das abgezogene Fell mit einem scharfen Steinschaber von Fleischresten und Fellhaaren befreit. Mäxchen spannt dazu das Fell. Da sie gestern ordentlich gegessen haben, müssen sie heute auch ordentlich mithelfen.

Mit Knochennadeln und Sehnen nähen die Frauen das gereinigte Fell
zu Kleidungsstücken zusammen.

Am späten Nachmittag gehen sie zur alten Kräuterfrau Alma, denn bevor Emma ihren Flügel wieder benutzen kann, muss alles wieder verheilt sein. Ein anderer Patient hat sich seine Flügelspitze beim Steinschlagen verletzt.

Alma besitzt jede Menge Heilkräuter, und Mäxchen probiert einen leckeren Kräutertee. Emmas Wunde ist gut verheilt, nur die Federn fehlen an der Stelle noch. „Ist schon toll", meint die kleine Möwe, „alles mit Mitteln aus der Natur!"

Emma und Max wollen natürlich unbedingt wissen, was es mit den riesigen Steinen auf sich hat, an denen ihr Abenteuer begonnen hat.

Leo und Gunda begleiten sie dorthin und erzählen, dass unter diesen Steinen ihre Großeltern und alle anderen verstorbenen Dorfmitglieder begraben sind. Max aber fragt sich, wie die Riesensteine wohl dorthin gekommen sind.

Bevor er danach fragen kann, verteilt Gunda leckere Kekse, die ihre Mutter gebacken hat. Schon bei Emmas erstem Biss gibt es plötzlich wieder eine gewaltige Explosion.

Leo und Gunda sind wie von Zauberhand verschwunden, Emma und Max tragen keine Fellkleidung mehr, Emma hat ihre Schleife wieder – nur der Bärenzahn zeugt noch von der Reise in die Vergangenheit.

Nachdem sie bei dem Steingrab übernachtet haben, machen sich Emma und Max am nächsten Morgen auf den Nachhauseweg.

„Ich glaube, wir haben eine Zeitreise in die Steinzeit gemacht", meint Max. „Alle Waffen und Werkzeuge waren aus hartem Stein. Oder hast Du irgendetwas aus Metall gesehen?"

„Komm, wir fliegen zu meinem Onkel Rüdiger nach Albersdorf!", meint Max. „Er leitet dort einen Steinzeitpark und weiß eine ganze Menge über die damalige Zeit."

Als die beiden Freunde ankommen, steht Onkel Rüdiger gerade am Eingang und winkt ihnen zu. Emma und Max staunen nicht schlecht, denn im Steinzeitpark sieht es fast genauso aus wie in dem Dorf, aus dem sie gerade kommen.

Immer wieder müssen sie Onkel Rüdiger und den Besuchern von ihrer unglaublichen Reise in die Steinzeit berichten. Emma zeigt ihren Bärenzahn als Beweis, und Mäxchen erzählt, wie der Fährtenleser Wulf Emma vor dem gefährlichen Braunbären gerettet hat.

Solch eine unglaubliche Geschichte hat selbst Onkel Rüdiger noch nie gehört!
Aber er erzählt ihnen, wie die Riesensteine damals transportiert wurden.
Fragt Onkel Rüdiger doch mal selbst!

Für fachliche Beratung danken wir Dr. Rüdiger Kelm, dem wissenschaftlichen Leiter des Steinzeitparks im Archäologisch-Ökologischen Zentrum Albersdorf (AÖZA).

www.marka-design.de

ISBN 978-3-8042-1240-4
© 2008 by Boyens Medien GmbH & Co. KG, Heide
Alle Rechte vorbehalten
Texte: Sylvia Scholz
Herstellung: Boyens Buchverlag
Druck: Boyens Offset
Printed in Germany